PREMESSA

Nel maggio del 2013, quando ho iniziato a scrivere questo libro, mi trovavo in una situazione psicologicamente difficile: abbandonare gli obiettivi di una crescita professionale come psicologo e ricercatore universitario, ricominciando da capo come stagista in una realtà aziendale non ancora definita. Era palese in me il bisogno di affrontare un'angoscia e una sofferenza causata dalla rinuncia in parte obbligata a ciò che mi aveva caratterizzato per molti anni. In pochi mesi stavo decidendo infatti di chiudere anni di studio della psicologia, esperienze da libero professionista, formazione e ricerca per gettarmi nel vuoto in un mondo completamente diverso che con la psicologia aveva poco se non nulla a che fare. E'chiaro che dentro di me il desiderio di una vita normale e serena fosse più forte di qualunque ambizione professionale: questo non significa che l'abbandono della psicologia sia stata una scelta facile, anzi. Il libro evidentemente è nato come strategia per affrontare questo momento delicato, esplicitando tutti i miei sentimenti, soprattutto di rabbia. Rileggendo queste pagine infatti noto soprattutto rabbia e dolore per non aver potuto coniugare una realizzazione professionale tanto cercata e desiderata negli anni con un'autonomia economica e di vita. Sono passati alcuni mesi da quando ho scritto queste righe e la mia vita ha preso una direzione molto diversa da quella del giovane psicologo: nonostante quella stabilità di vita che vado disperatamente cercando tardi ad arrivare, mi trovo in una condizione di "spendibilità professionale" sul mercato sicuramente più incoraggiante rispetto al passato. Permane comunque il dispiacere per la storia che mi ha caratterizzato: ancora oggi quando amici e colleghi mi parlano dei loro pazienti (spesso pochi quindi non in grado di garantire la loro sopravvivenza economica) li guardo con invidia e rimpianto. Poi rifletto e mi rendo conto che è un tipo di vita che non vorrei fare, sempre con l'angoscia di non fare le scelte giuste, di parlare con le persone giuste e fare i corsi giusti. Settimane fa ci sono state le elezioni dell'Ordine degli Psicologi del Piemonte, dove, a mio personale parere, è emersa una grande differenza tra i giovani psicologi e i professionisti affermati sulla quarantina. Sono sollevato che alcune delle problematiche che discuto nei capitoli successivi siano comuni ad altri professionisti, soprattutto quelli giovani. Da quanto ne so, il consiglio dell'ordine oggi è composto da membri più giovani che speriamo possano far sentire la loro voce sulle reali problematiche dei giovani psicologi. Problemi che sono estremamente semplici e banali. In tutto questo, devo dire che questo libro è stato estremamente utile per il mio equilibrio psicologico: rispetto a quei mesi primaverili in cui ho messo per iscritto i miei pensieri sono indubbiamente più sereno. Non credo investirò ulteriormente nella psicologia, se non letture sporadiche. Dall'altra parte, alberga sempre in me, da qualche parte, la speranza che un giorno, quando con un altro lavoro potrò permettermi una casa con una stanza in più, possa comunque creare un piccolo studio e ricevere qualche paziente, anche uno ogni sei mesi. Intanto continuo a rinnovare la tessera dell'Ordine degli Psicologi.

Torino, 19 febbraio 2014

INTRODUZIONE

E' un caldo pomeriggio primaverile. In attesa, da mezz'ora, di un treno che, come al solito, tarda da arrivare. Ma poco importa, sono completamente assorbito da un libro che, tra un treno e l'altro, sto divorando compulsivamente. Edoardo Nesi con "Storia della mia gente" racconta di sé, uomo e imprenditore tessile del Pratese: lo fa in una maniera del tutto particolare e intensa, amalgamando pensieri, citazioni dotte, scene di film e cronaca. In questo caldo pomeriggio primaverile, incontro questo libro intenso; mi sembra di sentirlo parlare Nesi, mentre racconta della sua vita. Mi piace pensare che, in qualche modo, dopo aver terminato di scriverlo, l'autore abbia inspirato profondamente e poi espirato, quasi che la scrittura della sua opera l'abbia sollevato, l'abbia fatto stare meglio, almeno per un momento. Non riesco a comprendere la motivazione, quale meccanismo sia scattato nella mia testa, ma il libro di Nesi ha stimolato in me il desiderio di scrivere, soprattutto su quello che sono professionalmente. Ci sono persone che vivono per il lavoro e altre che lavorano per vivere: quello che è innegabile è che il lavoro sia, almeno per quarant'anni ciò che ti plasma, ti caratterizza, è la tua identità. Uno dei momenti più critici di una persona è il pensionamento, momento in cui si abbandona una parte di sé, quella lavorativa ed è necessario riconsiderare se stessi. Per quanto ogni persona abbia un rapporto e atteggiamento diverso nei confronti del proprio lavoro, il lavoro stesso è il nostro compagno per tanti anni. La nostra esperienza lavorativa ha un profondo impatto su noi stessi. In questo libro voglio parlare della mia, raccontando, parafrasando Nesi, la "storia della mia professione". Una professione che oggi è sinonimo di guai: lo psicologo. Sia ben inteso, il guaio non è per i pazienti, a meno che non finiscano nelle grinfie di qualche incompetente, ma dello psicologo stesso, che tra tutte le professioni esistenti nel mondo, ha scelto una delle più problematiche dei miei tempi. Sento il bisogno di raccontare la mia esperienza, per chiarire prima di tutto a me stesso certe idee, posizioni e opinioni unendo fatti e dati concreti ad accadimenti personali. Oggi, non solo nel mondo della psicologia, si oscilla tra la disperazione per la mancanza di lavoro e l'iperattività. La società invita i giovani a spremersi le meningi per far uscire qualcosa, qualche idea, mezza idea, e poi aprire un'azienda, un'impresa, una start-up, qualcosa. Racconto questa storia di me e della mia professione con un misto di critica e di sofferenza. Più di tutto, vorrei esercitare una professione che mi appassiona profondamente, a cui ho dedicato tempo e energie, ma che non mi darà da vivere. Una vita piena, viva, ma soprattutto difficile: le illusioni e le delusioni sono all'ordine del giorno. Questo libro è destinato a tutti: per i giovani colleghi, spero sia fonte di rassicurazione e sostegno. Stiamo tutti faticando, lottando, chi rinuncia, chi continua a lottare; mi auguro che chi come me sta soffrendo nel tentativo di realizzare il desiderio di esercitare la professione possa trovare sollievo nella mia esperienza. Per coloro che entrano oggi nel mondo universitario psicologico, il messaggio è quello di prendere le mie parole come un'opinione personale. Sono sicuro che ci sono tanti giovani colleghi che sono riusciti con successo a crescere professionalmente e non è detto che negli anni, le lotte dei miei coetanei possano aprire un futuro più roseo ai futuri psicologi. Infine i non addetti ai lavori: spero che tra le righe si possa cogliere la serietà e credibilità della psicologia, nonché la sua utilità. A fronte di un'opinione comune che considera lo psicologo come un santone o un risolutore di problemi, mi auguro che la testimonianza diretta e critica di un giovane psicologo possa mostrare almeno in parte cos'è, veramente, la psicologia.

1. L'INVASIONE

Il sito web dell'Ordine degli Psicologi del Piemonte mi accoglie con riquadri dalle mille sfumature di blu e azzurro e la Mole Antonelliana di colore rosso, che svetta a destra della Home Page. Come utente del sito posso dirmi soddisfatto del servizio offerto, tra concorsi, comunicazioni, attività e seminari. La mia soddisfazione per la qualità grafica del sito dell'Ordine scompare quando, con un paio di clic ben assestati, mi dirigo verso il link all'Albo degli Psicologi del Piemonte. Oggi, venerdì 24 maggio 2013, l'Albo degli Psicologi del Piemonte conta di 6144 iscritti. 6144 psicologi e/o psicoterapeuti solo sul suolo piemontese: una cifra da brividi. Da brividi sul serio. Per circa quindici anni ho trascorso la mia esistenza in un paese vicino al Comune di Cuneo, Beinette. Questo piccolo paese ha circa 3.094 abitanti, stando a quello che afferma Wikipedia. Questo significa che oggi, se mettessi assieme tutti gli psicologi del Piemonte, potrei avere due paesi grandi come il mio tutti abitati da esperti della salute mentale. Come potrebbe essere una città abitata solo da psicologi e psicoterapeuti? Forse non voglio saperlo. Nel Nevada, vicino alla celeberrima Area 51, c'è una cittadina dimenticata da Dio chiamata Tonopah. Ci sono passato due anni fa durante un viaggio on the road con la mia compagna, una tenda e una macchina affittata. Tonopah mi ha fatto paura, motel da film horror, vecchine alla reception che ti guardano con ghigni malefici, gentaglia per le strade. Chissà cosa sarebbe successo se invece di arrivare nella Tonopah reale fossi arrivato in una città di psicologi e psicoterapeuti. Dopo aver visitato lo Zion National Park, è il momento di riprendere la macchina e tornare a San Francisco. Il Nevada è immenso, un'ampia distesa arida e sabbiosa, che sembra non finire mai. Fa caldo, non ci sono macchine: per questo speri che vada tutto bene. Mi dirigo verso una cittadina lontana, Tonopah, attraversando la leggendaria Extraterrestrial Highway. In realtà non c'è nulla, solo tanto deserto: però ti basta sapere che stai costeggiando l'area 51, che sei sull'autostrada extraterreste per rendere un paesaggio monotono un'esperienza emozionante. Giungo finalmente a Tonopah, accolto da un cartello: "Tonopah –The Psycho-city". Mi chiedo cosa possa voler dire quel psycho-city, una città di matti? Ecco in lontananza un altro cartello che mi chiarisce le idee: psycho city sta per psychologist city, una città di psicologi. Il traffico scorre veloce grazie allo psicologo del traffico, i quartieri sono organizzati in indirizzi psicoterapeutici, la zona cognitivo-comportamentale, le lussuose villette a schiera degli psicoanalisti. I condomini dei sistemici-relazionali. Alcuni psicologi dello sport stanno facendo jogging nel parco discutendo del flow. In piazza DSA è stata organizzata una mega valutazione delle capacità di lettura e scrittura di bambini in età scolare. Gli psicologi del lavoro occupano diligentemente i loro uffici nei sobborghi della città. Nei centri anziani psicologi dell'età anziana somministrano reattivi psicologici e neuropsicologici per verificare lo stato di salute dei colleghi più attempati. Diversi Master, workshop e seminari vengono promossi in città, a diverse ore del giorno, alcuni forniscono crediti ECM altri, purtroppo, no. Inizio ad avere paura, questa gente non sembra stare bene. Percorro velocemente la strada centrale evitando per un soffio uno psicologo ambientale che sta dipingendo le strisce pedonali. Ho molta paura per la mia incolumità, spingo il pedale sull'acceleratore e esco velocemente dalla cittadina. Al di là delle facili battute, la verità però è questa: nella sola Regione Piemonte ci sono talmente tanti psicologi da riempire due paesi di provincia: in questo ammasso di esseri umani confluiscono le prime generazioni di psicologi e psicoterapeuti, professionisti che si sono dedicati ad altro e giovani entusiasti, pieni di speranza e volontà. La cosa sconvolgente è che oggi Istituzioni e Ordini, che dovrebbero tutelare la nostra professione, non hanno ancora fatto nulla per limitare l'accesso ad una professione, lo psicologo (non lo psicoterapeuta), che ha un raggio di azione limitato. Nonostante in questi anni si sia assistito alla crescita di figure professionali connesse alla psicologia e dunque le potenziali aree di attività si siano espanse, la verità è che la professione psicologica è caratterizzata da una serie di attività che potrebbero contarsi sulle dita delle mani. E' incredibile che gli organi preposti alla nostra tutela e che nobilmente cercano di organizzare attività e promuovere la professionalità sul territorio non si rendano conto che, finché l'accesso alla formazione universitaria non sarà limitato, il destino del neo-laureato in psicologia sarà quello di sognare per un po' di tempo di lavorare come psicologo per poi guardare altrove le proprie aspirazioni, di individuare nelle scuole di psicoterapia la soluzione ai problemi di disoccupazione o magari di cambiare proprio lavoro. Intere città di psicologi si muovono nel nostro territorio alla ricerca di disperate possibilità di lavoro, spesso promuovendo iniziative gratuite, sportelli di qua e di là, ascolti di vario tipo, tirocini, volontariati in ASL, instaurando un terribile circolo vizioso che porta a occupare i pochi posti disponibili con attività gratuite e volontarie. Molto spesso le ragioni di grandi problemi sociali sono racchiusi in ragioni molto semplici: noi, semplicemente, siamo troppi. Al di là dei 6000 e più psicologi attualmente iscritti, per non parlare di quanti esercitano senza l'iscrizione all'ordine, bisogna considerare che escono mediamente ogni anno dalle due sessioni dell'esame di stato in psicologia del solo Piemonte almeno altre 250 persone che vanno a riempire ulteriormente un imbuto che fa fatica a far uscire chi già da anni ha superato l'esame e si è iscritto all'Ordine. E stiamo parlando del solo Piemonte. Come afferma un comunicato stampa senza data tratto dal sito dell'Ordine Nazionale degli Psicologi, "in soli 12 anni, dal 1994 ad oggi, il numero degli iscritti all'Ordine si è più che raddoppiato, da 23.000 a 57.000 mila". Continuando l'inquietante paragone con le città della mia vita, questo significa che Cuneo, la mia città natale, potrebbe essere completamente abitata da tutti gli psicologi d'Italia. Avanzerebbero pure, quindi si potrebbe contribuire ad un incremento demografico della città. La situazione è ancora più paradossale se pensiamo che l'Università di Psicologia è tecnicamente un'Università a numero chiuso, vale a dire, accetta un numero massimo di studenti. Questa soglia di sbarramento numerica è un pro-forma perché il numero massimo di studenti accettati è di 400 anime. Ci sono certamente numerose riflessioni da fare: il percorso standard di un laureando magistrale in Psicologia prevede 5 anni, molte studenti si perdono per strada, ci sono differenti indirizzi (in particolare la psicologia clinica e la psicologia dell'organizzazione). Insomma si potrebbe pensare che pur iniziando in 400, dopo 5 anni, molti esami e tante strade, ci sia spazio per tutti. E invece non è così: non lo è proprio. Non c'è cosa più chiara dentro di me che la certezza che ci sia una sovrappopolazione di psicologi nel nostro territorio. Niente mi toglie la sensazione che la nostra professione sia stata completamente mal gestita e mal organizzata: al confronto penso a chi ha la bravura di entrare all'interno della facoltà di fisioterapia, dove i posti disponibili sono circa una cinquantina. Entra chi è in gamba, chi è sveglio e ha studiato: i test di ammissione della facoltà di Medicina non sono uno scherzo. Se hai la costanza di studiare e applicarti, dopo 3 anni entri in un mondo del lavoro pronto ad accoglierti. Non saranno rose e fiori, oggi non ci si può permettere di essere schizzinosi, ma il lavoro per cui hai studiato lo trovi. 50 fisioterapisti a Torino ogni anno contro 500 psicologi. Senza considerare che gli spazi di manovra del fisioterapista sono molto più ampi e soprattutto "credibili" (sulla credibilità della nostra professione tornerò in seguito perché è un tema che mi sta particolarmente a cuore): dall'anziano, allo sportivo, al disabile. E' la natura della professione del fisioterapista che permette un intervento su più utenze: anche noi, nel nostro ambito, stiamo tentando di aprirci a nuove aree, ma molto spesso queste aperture paiono forzate, testimonianza della disperazione e dello strenuo desiderio di esercitare la professione che si ama (o si dovrebbe amare) e per cui si è studiato e lavorato per anni.

Senza una precisa e più severa regolamentazione dell'ingresso all'Università di Psicologia, l'unica speranza per chi è già laureato e professionalizzato è che le nuove generazioni prendano coscienza che scegliere la facoltà di Psicologia come strada verso una professione rappresenta se non una condanna alla disoccupazione, un bel passo avanti verso il precipizio. La città degli psicologi è una città di gente appassionata, ma anche stanca, spaventata, frustrata: è dura mantenere la passione per una professione quando devi metterla da parte per poter mangiare. Per non parlare di quante speculazioni ci siano attorno al mondo della psicologia, tra master, corsi di perfezionamento, stage garantiti, tirocini decennali gratuiti, baronati e porcate varie. Questo primo capitolo poteva rappresentare la chiusura ideale del mio libro, lasciando per il finale il gran segreto svelato: la ragione per cui gli psicologi fanno tutto tranne il loro lavoro. Il problema è che non c'è nessun segreto, la realtà è un pugno in faccia: sono i numeri che parlano, niente di più, niente di meno. E' matematica: se c'è un bisogno X di professionisti è i professionisti sono X^4 qualcuno resta a piedi: anzi più di qualcuno. Siamo semplicemente troppi. E le cose non cambiano: guardo con disorientamento i neo-laureati che festeggiano la loro discussione di laurea e la fine di un percorso di vita. Li capisco, e mi ricordo che ero anche io così. Ero emozionato, sognavo di poter dire basta con i libri e mettermi a fare, ad avere a che fare con le persone, con i bambini. Per molto tempo ho lottato, come, almeno in parte, sto facendo ancora adesso. Poi è arrivata la realtà. Il tempo passa, i posti sono sempre gli stessi e gli psicologi aumentano. E questo non è bene: bisognerebbe fare qualcosa ma nessuno fa nulla. Come dicevo, questa poteva essere la chiusura del mio libro, ma ho scelto di inserire subito questa parte: perché a mio parere tanti problemi, la "psicologizzazione" della società, la perdita di credibilità della professione e numerosi altri eventi nascono semplicemente dall'intasamento professionale che c'è nel nostro territorio.

2. IO, PSICOLOGO

"Buongiorno, sono Filippo Candela, psicologo e dottore di ricerca...". Inizia all'incirca così la moltitudine di e-mail che ho inviato alle più disparate società, associazioni, centri e aziende del pianeta. Ogni tanto, soprattutto quando invio curricula a realtà che con la psicologia ci azzeccano poco, mi chiedo se qualificarmi come psicologo sia buona cosa o se comprometta già in partenza il futuro delle mie due pagine di formazione, esperienze professionali e altre competenze. Il "dottore di ricerca" è lasciato volutamente senza nessun'altra specificazione. In tal modo, i temuti addetti alle risorse umane possono fantasticare e immaginarsi che abbia conseguito un dottorato in economia o in ingegneria. E' più probabile che deducano correttamente che se il sottoscritto possiede una laurea in psicologia dello sviluppo, abbia anche un dottorato in psicologia dello sviluppo: e, in effetti, le cose stanno proprio così. Mi reputo una personale normale: mi piace considerarmi "normale" utilizzando tale concetto in un'ottica statistica. La curva normale in statistica è una tipologia di distribuzione di dati molto comune, una curva a campana al cui centro sta la media, il valore di tendenza centrale, assieme alla mediana e la moda. Per farla breve, in una curva normale la maggior parte delle misurazioni di una variabile, ad esempio l'età, stanno al di sotto della campana. Oltre i punti di flesso della campana si situano valori molto più rari. Per esempio, l'altezza è una tipica variabile normale: la maggior parte delle altezze delle persone tra i 25 e i 35 anni si troverà all'incirca tra il metro e sessanta e il metro ottanta. Meno frequenti le persone alte 1 metro o 2 metri. Ecco, io sono uno psicologo nella curva normale, al 50°percentile. Vita ordinaria di provincia, passioni, qualche buon amico, calcio, videogames: diploma di maturità classica. E poi viene il bello. Come tanti ragazzi al termine dell'esperienza delle scuole superiori, mi trovo nella situazione di dover scegliere il mio percorso universitario, francamente senza avere ancora la maturità e le capacità auto-riflessive che tale scelta comporta. Rari sono stati i percorsi di orientamento scolastico/professionale che il liceo mi ha proposto in quei tempi, dunque la scelta è stata per lo più basata su navigazione online all'interno delle pagine delle facoltà universitarie torinesi, alla ricerca dei piani di studi che più mi interessassero o incuriosissero. Escluse le facoltà scientifiche, decido di sostenere i test d'ingresso dell'Università di Scienze della Comunicazione e di Psicologia. Lascio perdere tutto ciò che ha a che fare con la giurisprudenza (come dice il bullo dei Simpson Secco, "adesso non credo più a nulla, mi iscrivo a Giurisprudenza!"), non fa per me, così come Economia o Ingegneria. E' una scelta soprattutto di pancia, sostenuta dai miei genitori: dentro di me l'analisi delle future prospettive lavorative non c'è, ma in fondo credo che sia abbastanza normale per i ragazzi di quell'età. Studiare tanti anni qualcosa che non ami, puramente con l'obiettivo di avere un lavoro è peggio di scalare una montagna. Gli psicologi sapranno che la motivazione estrinseca, per quanto sia una forma di motivazione, è molto più debole e rende la persona molto più fragile quando si presentano difficoltà e fatiche. Sicuramente le scuole dovrebbero sostenere meglio la scelta degli studenti relativamente alla loro Università, fornendo dati veritieri e soprattutto sensati sulle reali possibilità di assunzione o stimolando un sincero e maturo percorso di auto-riflessione negli adolescenti post-istituto superiore. Ad ogni modo supero entrambi i test di ingresso e mi trovo nella condizione di dover scegliere in non più di due giorni se iscrivermi alla facoltà di Psicologia o di Scienze della Comunicazione. Per una serie di ragioni, tra cui i miei interessi personali e il più brillante risultato del test ingresso di Psicologia, decido per quest'ultima. In fondo il cammino era già stato segnato quando, per la maturità, avevo preparato una tesina relativa al sogno, analizzando la celeberrima opera di Sigmund Freud. Tra l'altro, ecco una curiosità per chiunque voglia fare lo splendido con qualche psicologo tuttologo che magari tra una chiacchera e l'altra spara qualche verità universale. Freud non è stato il primo autore a occuparsi di interpretazione dei sogni in maniera sistematica: uno studioso greco, Artemidoro di Daldi, ha scritto un'opera di interpretazione dei sogni un bel po' di anni prima, tentando, in maniera molto concreta e poco psicoanalitica, di interpretare i sogni dei suoi concittadini greci. "Il libro dei sogni" è un'opera piacevole e particolare che merita di essere recuperata. Se vi capita, ditelo a quello psicologo che si pavoneggia maltrattando il povero Sigmund. Neanche il tempo di aver scelto la facoltà di Psicologia che di fronte a me si presenta un'altra scelta importante: l'indirizzo di laurea. Una delle ragioni per cui ho scelto l'indirizzo di Psicologia dello Sviluppo e dell'Educazione è che in concomitanza con la mia scelta, un fatto di cronaca di cui ricordo solo in parte lo svolgimento, mi ha particolarmente colpito. Capita infatti che un paziente uccida il proprio psicoterapeuta. Dominato dai miei stereotipi e dalla mia ignoranza, mi sono immaginato di dover lavorare in manicomi dove mi sarei occupato di gente violenta, di matti. Ho pensato che bambini e adolescenti matti potessero essere un buon compromesso e che avrei potuto affrontarli e contenerli con più facilità e per queste ragioni ho scelto l'indirizzo di sviluppo ed educazione. Se ripenso agli anni dell'Università, provo uno strano mix di sensazioni: sono stati 5 anni, che sono tanti nella vita di un giovane, ma sono passati in un lampo. La discussione della laurea specialistica è stata uno dei momenti più emozionanti della mia esistenza: sentivo che una pagina della mia vita si stava chiudendo, per dare vita a nuovi e più emozionanti capitoli. Dopo la laurea ho svolto un tirocinio in psicologia clinica in un centro dell'albese dedicandomi a bambini e adolescenti: ho mantenuto però i contatti con la professoressa con cui avevo svolto i tirocini nei cinque anni di università, occupandomi di ricerca in gruppi di anziani ospiti di strutture residenziali. Strano, un laureando in psicologia dello sviluppo tra anziani in casa di riposo: esperienze intense, talvolta dure, ma sempre intense. Aver mantenuto i contatti con questa professoressa mi ha permesso di vincere la borsa di dottorato e fare quello che, a mia conoscenza, nessun collega e amico dei miei cinque anni universitari ha potuto fare. Vivere del lavoro per cui ho studiato. Tecnicamente ero ricercatore, o meglio, dottorando di ricerca, però, in fondo, mi sono occupato di psicologia e ho avuto l'occasione di seguire alcuni anziani per brevi percorsi di sostegno psicologico. Sento di aver comunque lavorato al 70% come psicologo durante il mio dottorato, pagato da un ente pubblico e per queste ragioni mi ritengo molto, molto fortunato. In questa successione di esperienze inserisco anche alcuni percorsi di psicologia sportiva con giovani atleti professionisti, la creazione di una piccola associazione no-profit per tentare di esercitare un po' di attività psicologica senza rimetterci troppo tra tasse e spese varie e un paio di laboratori di memoria con anziani. Durante il mio dottorato ho somministrato test neuropsicologici, questionari psicologici relativi all'umore, all'autostima etc. L'ho fatto lavorando con anziani di tutta la Regione Piemonte. Ho avuto occasione di ascoltare, e, spero almeno in parte, di accogliere sofferenze e paure. Oggi che il mio dottorato è terminato e questo è il mio ultimo anno presso il Dipartimento di Psicologia di Torino, sento che un piccolo ciclo potrebbe chiudersi. Soprattutto il mio rapporto con la psicologia si sta evolvendo: sto tentando di formarmi come analista dati sperando di spostare le mie competenze statistiche e di ricerca verso altri mondi, aziendali, di consulenza che poco o niente hanno a che fare con la psicologia che ho conosciuto. Eppure non credo riuscirò ad abbandonare del tutto questa disciplina anche se sarà complesso e forse sarebbe la cosa più saggia da fare, soprattutto avendo l'obiettivo di una vita serena e noiosa. Tutte le grandi passioni della propria esistenza vengono vissute con la testa e con il cuore. Guardo indietro nella mia vita e penso che nonostante dispiaceri e rabbia, rifarei la stessa scelta, mi iscriverei a Psicologia. La Psicologia è qualcosa che nel tempo mi ha definito, io sono Filippo Candela, prima di tutto, psicologo. Guardo la mia foto stampata sul tesserino dell'ordine degli psicologi: quel tesserino ha ben poco valore. Eppure il viso di quel ragazzo è pieno di orgoglio, fierezza, e gioia. Volevo essere quello che sono diventato. Il problema è che sento di essere costretto a lasciare in un angolo una parte di me, per poter vivere. Tante volte ho desiderato ardentemente odiare la psicologia, dimenticarla, rinnegarla. Non ci riesco. E sono felice di questo. Allo stesso tempo però mi guardo indietro e mi chiedo se ho fatto davvero abbastanza per crescere e aumentare le probabilità di vivere di psicologia. Penso che la maggioranza dei miei colleghi coetanei abbiano fatto più o meno quello che ho fatto io: laurea, corsi, qualche paziente in nero, esperienze di formazione, laboratori. Sicuramente ci sarà qualcuno che ce l'ha fatta, io per ora non ne conosco. Ma devo avere l'umiltà di riconoscere che si può sempre fare di più. Anche se rivendico il diritto di accompagnare alla psicologia, che è la mia professione, le mie passioni e una vita normale. Oggi se chiedi a qualche psicologo senior consigli e suggerimenti per promuovere la tua professione, ti sentirai dire che devi fare rete, partecipare a congressi, seminari dove farti conoscere, fare biglietti da visita, rompere le scatole alla gente, ai dirigenti scolastici, agli psichiatri. Insomma la psicologia deve diventare la tua ossessione più di quanto lo sia già: il problema è che una persona potrebbe non essere d'accordo con questo pur essendo molto motivato e appassionato. Pur riconoscendo con tutta onestà che il principale veicolo di promozione dello psicologo è il passaparola e che quindi farsi conoscere magari in seminari o incontri è effettivamente una buona strategia, una persona potrebbe non voler dedicare la sua vita completamente alla psicologia. Potrebbe voler lavorare 8 ore al giorno, tornare a casa e passare la serata con i propri affetti, senza curare il proprio blog o il proprio sportello di ascolto gratuito il sabato pomeriggio in quello spazio messo a disposizione dalla parrocchia o da quella associazione. Senza neanche avere la certezza che tutti questi sforzi alla fine paghino davvero. Ecco chi sono io oggi, uno psicologo appassionato come tanti altri costretto ad abbandonare il proprio mestiere.

3. GRANE

Mi avvicino allo schermo del pc portatile per scrivere questo capitolo con particolare ansia poiché l'obiettivo di queste pagine sarebbe quello di definire che cosa sia, a livello professionale, la psicologia, in parole povere, che cosa fa uno psicologo? Un'impresa quasi impossibile. Sarebbe molto indicativo interrogare un buon numero di psicologi e chiedere loro di fornire una definizione di psicologia, soprattutto nella pratica. Emergerebbero spunti interessanti. Ad oggi il nostro mestiere è talmente sfumato, liquido, che identificare con precisione ciò che possiamo e non possiamo fare è impresa davvero ardua. Possiamo partire da qualche riferimento etimologico e legislativo. Rimandando ad altre opere per approfondimenti, mi limito a sottolineare che il termine psicologia deriva dal greco ψυχη – λογοσ, discorso dell'anima, del soffio vitale. E' innanzitutto interessante osservare che in origine la psicologia studiava l'anima, il cosiddetto soffio vitale, lasciando da parte tutto ciò che è mente, per non parlare di altre aree e realtà che caratterizzano la psicologia odierna. Era più lo studio della pancia che della testa. Possiamo definire la psicologia una scienza? Francamente non lo so: dopo 5-6 anni come dottorando di ricerca presso il Dipartimento di Psicologia di Torino, non sono ancora in grado di rispondere alla domanda. Ma ho il ricordo di un seminario tenuto dalla professoressa Ada Fonzi, uno dei personaggi più importanti della storia della psicologia italiana, in cui ci invitava a considerare la psicologia non solo come una scienza esatta fatta di eventi trasformati in numeri ma come un'arte. E in fondo la psicologia potrebbe essere un po' tutto questo: è scienza, perché tentiamo di capire i fenomeni e individuare delle regole universali. E' filosofia perché quando lavoriamo adottiamo consapevolmente o inconsapevolmente delle visioni del mondo e delle persone. E' arte, perché la soluzione di problemi, nuovi trattamenti e le strategie di intervento richiedono anche una buona dose di originalità. Per queste ragioni sento di far parte di qualcosa di speciale.

I discorsi iniziano a farsi interessanti se tentiamo di definire in maniera univoca quali siano le caratteristiche professionali dello psicologo. Una premessa è necessaria: in questi discorsi non considererò la psicologia del lavoro e delle organizzazioni, mondo interessante e affascinante ma almeno in parte differente da quella che è la psicologia clinica. Il primo punto di riferimento per una definizione della professione dello psicologico è la legge 56 del 1989 "Ordinamento della professione di psicologo" la quale recita: *"La professione dello psicologo comprende l'uso di strumenti conoscitivi e di intervento per la prevenzione, la diagnosi, le attività di abilitazione-riabilitazione e di sostegno in ambito psicologico rivolte alle persone, al gruppo, agli organismi sociali e alle comunità"*. Tentiamo di fare ordine: 3 sono le attività professionali caratterizzanti l'attività dello psicologo. Sono la diagnosi, la abilitazione-riabilitazione e il sostegno psicologico. Stop. E' ovvio che avendo a disposizione tutta l'umanità, queste attività possono essere modulate sulle numerose utenze che incontriamo. E quindi avremo il lavoro con bambini, fanciulli, adolescenti, adulti, anziani. Nonché sportivi, anziani istituzionalizzati, persone con disturbi psichici di differente tipologia. Non mi produrrò in una precisa spiegazione di queste tre attività anche perché sono abbastanza chiare in sé. I primi tempi dopo l'abilitazione non avevo la più pallida idea di chi fossi e che cosa potessi fare: ho cercato conforto nel tariffario nazionale degli psicologi il quale presenta le seguenti aree: consulenza e sostegno psicologico, psicologia clinica, diagnosi psicologica, abilitazione e riabilitazione psicologica, psicologia del lavoro e delle organizzazioni, psicologia dell'educazione e dell'orientamento, psicologia di comunità, psicologia della salute e psicologia dello sport. Pur nella ricchezza di aree di intervento sono sempre 3 le attività che possiamo svolgere.

L'Ordine degli Psicologi della Lombardia ha pubblicato un breve documento chiamato *"Atti tipici dello psicologo"* cogliendo un'interessante criticità: che cosa ci caratterizza? Che cosa ci rende diversi da un life-coach, da un counselor, da un prete, da un mio amico? Pur apprezzando il tentativo di renderci speciali e unici, il documento conclude che gli strumenti psicologici (non solo test, ma anche colloqui, attività di riabilitazione) sono tali perché al di sotto esiste una tecnica, costruita con precisi obiettivi alla luce di una prospettiva teorica *"Ad esempio, il colloquio, cioè lo scambio di informazioni ed idee tra le persone tramite una conversazione, diventa psicologico solo quando è nel contesto di una teoria e tecnica specifica"*. Lo spunto è interessante e comprensibile, ma tutto ciò non ci salverà. Perché questo andrebbe spiegato alla gente.

Personalmente ciò che caratterizza lo psicologo (si intende uno psicologo bravo) è una semplice abilità: la capacità di ricevere la sofferenza altrui. Certo, la conoscenza delle tecniche del colloquio e dei test più adatti agli specifici obiettivi è fondamentale, ma prima di tutto lo psicologo deve saper accogliere la sofferenza dell'altro. Mi piace il termine "accogliere la sofferenza": penso al verbo accogliere e mi immagino una coppia che accoglie ospiti nella propria casa. Condivide un luogo intimo privato con altre persone. In fondo lo psicologo deve fare questo: accogliere la sofferenza. Perché le persone che vanno dallo psicologo soffrono: cercano sostegno, desiderano capire, richiedono un intervento riabilitativo perché stanno male. E il professionista dovrebbe accoglierli, farli entrare nel suo spazio intimo per condividere la sofferenza assieme e individuare i modi migliori per affrontarla e nel tempo risolverla.

Dovremmo preoccuparci di far capire alla gente che le loro sofferenze, le loro stranezze hanno un significato, una funzione. Andreolli[1] l'ha espresso bene nel suo ultimo libro e tutti, professionisti e persone, dovrebbero ricordarselo: la malattia e la sofferenza mentale hanno una funzione, hanno un significato. Intervengono per saziare delle necessità individuali impellenti, scegliendo però strade pericolose per il benessere della persona stessa. Oggi c'è ancora troppa vergogna, così come c'è ancora troppa paura della professione dello psicologo. Il medico dei matti. Ciascuno di noi psicologi, qualificatosi con nuovi amici o conoscenti,

---

[1] Vittorino Andreoli è uno psichiatra e scrittore italiano. Il testi di cui si fa riferimento è "I segreti della mente" (2013) edito da Rizzoli.

si sarà sentito dire almeno una volta "dai allora, prossima settimana vengo da te, mi metto sul lettino e mi psicoanalizzi" oppure "caspita non posso mentirti allora". Sono frasi che fanno sorridere, ma se guardiamo ai fatti ci trasmettono un messaggio ben preciso: la gente non sa cosa facciamo. La gente non sa che siamo professionisti della sofferenza, che accogliamo la sofferenza altrui. Sappiamo ascoltare, creare un'alleanza, astenere il giudizio, aiutare a capire, aiutare a migliorare. Parlo di aiutare, sostenere, perché la gente dovrebbe sapere che non siamo guaritori o dispensatori di consigli. Siamo un sostegno. Ma, e qui concordo pienamente con il documento dell'Ordine, abbiamo studiato e fatto esperienza di questo. E questo, unito ad una forma mentis che è andata crescendo durante la formazione universitaria e di cui probabilmente non abbiamo preso necessariamente coscienza, ci distingue dal life-coach o dal mio amico di Cuneo. Questo ripeto, in professionisti in gamba: come in tutte le professioni ci sarà gente più brava e meno brava e poi, parafrasando Sgarbi, le capre. E naturalmente la pura teoria non serve, ma chiaramente, come in tutte le professioni, la pratica è davvero importante per padroneggiare gli strumenti e renderli efficaci. E la formazione non finisce mai, com'è giusto che sia. Pur con una serie di criticità già espresse precedentemente, se riuscissimo a far capire alla gente chi siamo e cosa facciamo, sradicando stereotipi nocivi, le cose migliorerebbero.

Purtroppo non aiuta minimamente la cifra spropositata di professionisti presenti nel nostro territorio: disperatamente si cercano nuove strategie per esercitare la professione, si lavora gratuitamente, si sviluppano nuove professioni aree di intervento psicologo (vedi lo psicologo dei cani), si aprono sportelli di sostegno dovunque e comunque. E la gente se ne accorge, si accorge di quanti siamo, della disperazione che ci guida e ci porta a proporre le attività più disparate. E ci rimette la credibilità e la qualità del nostro lavoro. Con un minimo di fatica tutti gli studenti di Psicologia possono laurearsi e diventare psicologi. C'è poca selezione e questo impatta sulla qualità. Avere la possibilità di svolgere un tirocinio che ti permette di crescere professionalmente è spesso questione di fortuna. Insomma tanti possono uscire, ma quanti davvero sono almeno in parte pronti? Ogni volta che sento nuove professioni psicologiche, nuovi corsi professionalizzanti mi sale l'amaro in bocca: è un mestiere intimo, privato perché ha a che fare con i sentimenti privati delle persone. Ne parlerò in seguito, ma non concordo con l'idea di fare marketing per promuovere la professione. Posso capire l'ortopedico che ti propone la formula "rompiti entrambe le ginocchia, una te la opero gratis": non posso comprendere gli sconti del 15% sulla psicodiagnosi o la formula "se sei sia dislessico che discalculico, la riabilitazione dalla dislessia è a metà prezzo" (spero non esista ma non mi stupirei). Dovremmo stare ai margini, farci conoscere ma senza urlare, sussurrando, con calore. E invece ci svendiamo. Per come stanno le cose oggi il problema non è solo la disoccupazione, ma la completa perdita di credibilità della professione. Nella mia piccola esperienza, penso simile a tanti altri colleghi, ho sperimentato quanto possiamo essere utili: ho conosciuto persone meravigliose con profonde sofferenze a cui credo di aver offerto il mio sostegno. Sono state esperienze brevi ma indimenticabili, che mi hanno formato non solo per la professione ma per la vita. Se riuscissimo a far capire alla gente che lo psicologo è un professionista in grado di accogliere la loro sofferenza, la quale è normale nella vita di una persona, avremmo già fatto tanto.

4. IL SAGGIO

Alcune settimane fa, mi sono trovato nel comune di Alba per svolgere due giornate di formazione relative al significato della ricerca scientifica psicologica sull'invecchiamento a un gruppetto di anziani interessati dell'Università della Terza Età. Al termine dell'incontro, un arzillo signore, che era rimasto tutto il tempo in silenzio, si avvicina e mi pone questa semplice domanda, dieci parole chiare e secche "Non c'è un po' troppa psicologia ai giorni nostri?". Come i grandi saggi che non parlano per tutta la loro esistenza e quando decidono di parlare esprimono solamente poche parole tornando poi nel loro silenzio assorto. Cosa rispondere a questo signore? Beh, che ha ragione. Dedicherò l'ultimo capitolo di questo libro ad una riabilitazione della psicologia, perché non vorrei dimostrare solo disprezzo per questa disciplina: la realtà è che adoro ciò che ho studiato, trovo che nel tempo alcuni studiosi anche famosi abbiamo proposto teorie e costrutti mentali straordinari, che spiegano chiaramente e efficacemente il funzionamento della mente e dell'anima dell'uomo. E poi, molto semplicemente, credo che la psicologia serva, sia una disciplina davvero in grado di migliorare la qualità della vita delle persone. Certo è che, se mi metto nei panni di una persona comune, non posso non notare il bombardamento di psicologia all'interno della nostra comunità, dando ragione al perspicace vecchietto albese. Una donna comune potrebbe svegliarsi la mattina e preparare la colazione ascoltando la radio: potrebbe sentire alla radio che gli ultimi studi di psicologia dimostrano che se mangi più caramelle, sei più felice. Potrebbe andare a lavorare la mattina e a pranzo recarsi dal parrucchiere dove leggendo un giornale scoprirebbe alcuni consigli dello psicologo di turno per educare suo figlio nella giusta maniera. Tornando al lavoro, prendendosi una pausa al pc, visiterebbe un qualunque sito web di notizie, scoprendo che l'arrivo di un secondo bebè (la signora è in dolce attesa del secondo figlio) potrebbe creare gelosie nel fratello più grande. Il quale ha difficoltà scolastiche e potrebbe essere utile indagarle maggiormente, parlandone con il responsabile

DSA[2] della scuola. La giornata è stata lunga e la signora potrebbe voler prendersi mezz'ora di relax sul divano di casa sua facendo un po' di zapping. Scoprirebbe che il tema del giorno è il duplice omicidio nel bergamasco, commentato con professionalità e competenza da criminologi/psicologi ospiti dei salotti buoni della televisione. Mangiando cena con marito e figlioletto, si potrebbe gustare, come d'abitudine, l'ultima puntata di "Dog Whisperer", lo psicologo dei cani. Infine, finalmente nel letto, potrebbe sentirsi dire dal marito che secondo alcuni psicologi, i figli distruggono la coppia e spingono le mogli a non considerare più i mariti. A questo punto la povera signora potrebbe voler prendere un aereo e volare su un'isola deserta. Questo scenario non si discosta poi così tanto da ciò a cui assistiamo quotidianamente. La psicologia è dovunque, ma nel modo sbagliato. Che la psicologia permei la nostra società è chiaro ed è naturale che lo sia dato che la nostra società è essenzialmente una società di uomini. I principali cattivi del fumetto di Batman

---

[2] Disturbi Specifici dell'Apprendimento

hanno precisi disturbi psicologici, i comportamenti della finanza e delle borse hanno indubbi tratti psicologici così come le relazioni quotidiane in famiglia, in azienda, tra gli amici. La psicologia delle nostre menti colora le nostre relazioni e la nostra società tutta. Soprattutto nei media, in particolare giornali e televisioni, si assiste invece all'utilizzo dello psicologo come una moda, uno status symbol. Ormai tutti i programmi del pomeriggio hanno la loro psicologa/psicoterapeuta che sottolinea che la rete sociale è importante per il benessere dell'individuo o altre verità sconvolgenti. Alcune di queste personalità sono diventate famosissime pubblicando libri e mostrando un presenzialismo che va a cozzare con gli obiettivi del nostro lavoro. E poi ci sono personalità, poche nella mia esperienza, che valorizzano il nostro lavoro. Ci sono professionisti che, in giornali anche frivoli, forniscono risposte, riflessioni che davvero sono di qualità. Ci sono personaggi che si mostrano in televisione a piccole dosi, e in questi casi hai davvero la sensazione che lo facciano perché hanno qualcosa di importante da dire, perché vogliono usare il tubo catodico per trasmettere un messaggio alle persone. E poi ci sono tutti gli altri, spesso macchiette, che sparano diagnosi alla grande del tipo "quella è una personalità palesemente psicotica" oppure "i nevrotici-ossessivi hanno questo modus operandi"[3]. Io credo che queste persone rovinino l'immagine del nostro mestiere. Dobbiamo essere consci che la nostra immagine professionale è quella che la società trasmette alle persone. Oggi il messaggio è quello di una persona che è una sorta di santone con risposte, spesso fumose, a qualunque problema, dal maniaco omicida alla madre incazzata. E il tentativo di rendere più vicina alla gente la psicologia conduce a esiti spesso nefasti: perché passa il messaggio della nostra disperazione. Io sono fermamente convinto che dovrebbe esserci più psicologia nella nostra società, ma più psicologia di qualità. Ignazio Marino ha sottolineato che anche da un punto di vista economico, la figura dello psicologo è fondamentale perché un buon numero di

---

[3] Per un approfondimento illuminante si faccia riferimento al libro del professor Giorgio Blandino "Il Parere dello Psicologo. La Psicologia nei mass media" pubblicato da Cortina.

persone chiede consulto al medico di base per problemi essenzialmente psicologici. La depressione è una delle principali cause di disabilità. L'attività preventiva dello psicologo è importante, ma si sa che di prevenzione se ne fa poca perché in quel dato momento il problema non c'è. Non è solo questione di psicologi nei media, ma anche di psicologi nel territorio. Non possiamo essere dovunque, tentando di infilarci in qualunque anfratto con la speranza di uno straccio di collaborazione. E io per primo l'ho fatto. Ormai ci sono psicologi per qualunque cosa, compreso lo psicologo nel supermercato: non mi è chiaro se tale psicologo sia nel reparto surgelati o allo spiedo nel reparto gastronomia. Questa "psicologizzazione" della società porta a esiti terribili. Primo, è evidente che siamo considerati come delle macchiette, gli sfigati di turno. Non oso neanche immaginare quante proposte di collaborazione/consulenza/aiuto arrivino ai dirigenti scolastici delle scuole piemontesi. Chissà cosa pensano di noi. Tutti sanno che lo psicologo non è un lavoro in cui digiti "psicologo" su Jobrapido e trovi offerte di lavoro a bizzeffe. Nonostante questo, ogni tanto, preso dall'ottimismo lo faccio. Un mese fa circa, il sito mi ha fornito una reale offerta di lavoro da parte di un'agenzia matrimoniale che cercava un professionista per gestire le pene d'amore dei clienti. Ecco, non oso neanche immaginare quante e-mail siano arrivate a questi poveri responsabili dell'agenzia. Migliaia, se non milioni. Oppure le interessanti attività dell'Ordine degli Psicologi, come lo psicologo in farmacia, davvero utili, perché utilizzano un canale alternativo per farci conoscere. Ma, e questo mi è stato confermato da colleghi, migliaia di psicologi si sono mossi verso le farmacie: il risultato è che ciascuna di queste farmacie è stata subissata di curricula. Oppure, e anche questo mi è stato descritto da conoscenti, ci si muove verso l'azienda: non è un male di per sé, ma chiarifica che siamo disperati. I responsabili delle risorse umane ormai scartano a prescindere i curricula di psicologi, perché siamo, come detto in precedenza, delle macchiette. I laureati in scienze dell'educazione sono sul piede di guerra per tentare di evitare che i loro posti di lavoro nelle cooperative, nelle comunità, vengano soffiati da psicologi: queste realtà rappresentano infatti il principale destino degli psicologi.

In tutto questo, la professione perde di credibilità e probabilmente, per tanti motivi compresi la scarsa conoscenza della nostra professione, la gente sceglie il life-coach o sceglie il nulla. C'è troppa psicologia di bassa qualità nella nostra società.

Come se tutto questo non fosse abbastanza, l'ignoranza perversa: il linguaggio delle persone indica lo stato di totale ignoranza che la comunità ha relativamente alle nostre aree di intervento. "Oggi sono un po' dislessico" è una frase che va particolarmente di moda in questi tempi e testimonia la completa ignoranza delle persone; dimostra soprattutto che i concetti sono passati dal mondo professionistico alla società, ma in modo sbagliato. Ti ho fatto conoscere il termine dislessia, ma non ti ho spiegato chiaramente cos'è, quindi oggi tu dici che sei dislessico semplicemente perché sei distratto, ignorando che la dislessia è un disturbo importante che può compromettere le capacità scolastiche del bambino nella lettura, nonché il suo benessere generale nella vita quotidiana. Tutte le persone avranno detto che sono depresse, ma un conto è avere alcuni giorni di tristezza e malinconia, un conto è etichettarsi come depressi: sono due cose ben diverse. Non conosco nessuno che afferma di avere la stomatite ho avere dolore al crociato anteriore, ma conosco diverse persone che hanno collezionato i più disparati disturbi mentali.

"Ho l'Alzheimer!": lavorando con anziani spesso ho sentito fare queste esclamazioni da anziani che si erano dimenticati dove avevano messo le chiavi di casa: c'è un'intera popolazione di anziani spaventata dall'Alzheimer senza sapere che cos'è. Perché i media e la comunità etichettano, forniscono verità senza fornire conoscenza e informazioni.

Nessuno si cura di queste imperfezioni terminologiche, ed è giusto che sia così, ma per noi sono indicative dell'ignoranza della gente: non possiamo pretendere che la gente conosca i criteri per la diagnosi di dislessia. Sarebbe auspicabile invece almeno un generale corretto uso dei termini perché significa che siamo riusciti a far comprendere i nostri ambiti di lavoro, in particolare i disturbi e i disagi mentali.

Non sono una persona particolarmente brava a rispondere con efficacia a domande o critiche in pochi secondi, ho bisogno di riflettere, di pensare. Quando quel saggio anziano mi ha fatto quell'osservazione, ho sorriso con amarezza, abbassando la testa e gli ho detto "e sì, siamo dappertutto". Ora probabilmente, tornassi indietro, lo inviterei a bere un caffè, gli chiederei innanzitutto che idea si è fatto della psicologia. Tenterei di spiegargli che ciò che si vede in televisione o sui giornali non è la vera psicologia. Gli racconterei che lo psicologo è un professionista serio, che ha l'obiettivo di aiutare le persone a migliorare la loro vita. Gli direi che come nei prodotti e nelle professioni, esiste una psicologia di bassa qualità e una di alta qualità: difenderei la mia professione, spiegando perché è importante e perché può essere davvero utile alle persone.

5. OFFERTE

La psicologia, come tutte le discipline scientifiche e come il mondo intero, si evolve. Tutto scorre e questo vale anche per le strategie e le metodologie per la salute mentale della persona. Di conseguenza, correttamente, il professionista, sia esso psicologo o psicoterapeuta, è tenuto a formarsi continuamente per aggiornare le sue competenze aumentando la qualità del lavoro che svolge con specifiche utenze. I professionisti che lavorano nel settore pubblico devono annualmente dimostrare di aver elevato le loro competenze grazie ai crediti ECM[4] erogati da enti di formazioni al termine di corsi di specializzazione o di altro tipo. Di per sé quindi, la formazione e l'aggiornamento dello psicologo sono ispirati a valori e concetti nobili e condivisibili. Dobbiamo evolverci con le metodologie e gli approcci teorici. Peccato che, come spesso accade in numerose altre realtà, questa condizione abbia generato un

---

[4] ECM Educazione Continua in Medicina è un programma nazionale di attività formative per le professioni sanitarie, compresi gli psicologi e psicoterapeuti.

intricato mondo di business fatto di master, scuole di specializzazione, scuole di perfezionamento, corsetti, giornate di formazioni, ore di training. Ed è diventato difficile, se non impossibile, riuscire a districarsi in questa giungla di offerte formative, soprattutto tentando di discriminare formazioni di alta qualità con quelle di bassa. E' ovvio che nessuno, soprattutto nei nostri tempi, ha il cuore colmo di gioia nel spendere 2500 euro per un corso di formazione: nonostante questo, sono convinto che il boccone sia più facilmente digeribile se l'offerta è di qualità. Troppe volte invece questi corsi o master (i master tecnicamente sono quelli universitari, dunque tutti gli enti privati che offrono un percorso master, compiono un'affermazione errata) sono vere e proprie macchine per fare denaro. Finisci per ritrovarti in percorsi di scarsa qualità con la consapevolezza di aver investito tempo e denaro: e questo ti fa stare male. Ho avuto la possibilità di partecipare a due corsi di formazione di media-lunga durata, senza spendere denaro grazie a fondi universitari o borse di studio. Ho apprezzato alcuni contributi, soprattutto il fatto che questi corsi ti facciano sentire più preparato in un certo ambito. Ma certamente mettendomi nei panni di chi ha versato circa 3000 euro, il mio portafoglio avrebbe indubbiamente manifestato un grave disagio psicologico: i prezzi di questi master non hanno un equivalente in qualità. Inoltre c'è una grossa grave questione. Questi master, che poi, come dicevo, master non sono ma corsi privati, pur avendo caratteristiche specifiche per la formazione psicologica, sono aperti ad altre professioni. Ad esempio, una specializzazione annuale in disturbi dell'apprendimento (o psicopatologia dell'apprendimento) era aperta anche ad insegnanti e educatori. E' del tutto comprensibile e giustificabile che gli insegnanti conoscano i disturbi dell'apprendimento: più discutibile è che conoscano anche gli strumenti diagnostici. Chi ci protegge da un insegnante che grazie all'ultimo master frequentato, somministra reattivi per la diagnosi della dislessia? Nel mosaico di criticità della nostra professione, un nuovo tassello deve essere aggiunto: la protezione delle nostre competenze. Dovremmo forse essere un po' più gelosi delle nostre competenze. Abbiamo detto che è prerogativa dello psicologo somministrare test diagnostici. Ora, escludendo molti test, tra i quali i proiettivi, che richiedono un addestramento di diversi anni, o alcuni test di intelligenza (ad esempio le scale Wechsler), esistono però test che sono effettivamente semplici. Dobbiamo essere onesti: il Mini Mental State Examination[5] è un test di screening della funzionalità cognitiva dell'anziano, dura pochi minuti ed è somministrabile da chiunque senza particolari difficoltà. Tant'è che anche non psicologi lo somministrano. Ed è qui che sta il problema: non importa se il test è facilmente somministrabile, solamente lo psicologo può utilizzarlo. Sono convinto, e in taluni casi ne ho avuto conferma, come nell'ambito delle scienze motoric, che anche a livello medico o in altri ambiti ci siano test facilmente somministrabili da non esperti. Ad esempio il "time up and go" per la valutazione dell'equilibrio dell'anziano è semplice. Ma non mi sognerei

---

[5] Il Mini Mental State Examination è il principale test di screening cognitivo utilizzato per la valutazione della funzionalità cognitiva dell'anziano e indaga numerosi domini cognitivi quali memoria, attenzione, linguaggio etc.

mai di somministrarlo, perché non è il mio ambito. Ecco, noi non abbiamo confini precisi e sicuramente il fatto che questi master siano aperti a chiunque, per avere più iscritti e dunque più soldi, nuoce gravemente alla professione. Non mi passerebbe mai per l'anticamera del cervello di iscrivermi domani ad un corso di specializzazione per imparare nuove tecniche di rimozione delle carie dei molari e quasi sicuramente non potrei comunque. Viceversa, un dentista potrebbe serenamente iscriversi a un corso di specializzazione in psicologia dello sport perché allena il figlio nella società sportiva diventando in maniera informale uno psicologo dello sport. Perché in fondo, tutti siamo un po' psicologi. Tra le altre cose, oggi, con le prospettive lavorative che ci sono, quale corso scegliere? Escludendo chi il lavoro ce l'ha già, e considerando che non tutti hanno una miriade di soldi da investire, quale corso è in gradi di renderti più appetibile nel mondo del lavoro? Oggi controllando le e-mail, mi è giunta comunicazione che se voglio trovare lavoro, potrebbe essermi utile il corso di specializzazione in psicologia del traffico. Ormai c'è un corso per qualunque cosa: talvolta, hai quasi l'impressione che inventino una nuova professione o una nuova area della psicologia solamente per creare un nuovo corso o un nuovo test e venderlo. Per non parlare di giornate di 6 ore di formazione al modesto costo di 700 euro: la cosa che non mi piace è la sensazione che questi enti giochino con la disperazione delle persone. E questa riflessione mi permette di muovermi verso un'altra criticità del nostro mondo, le scuole di specializzazione in psicoterapia.

Innanzitutto è fondamentale chiarire che lo psicologo e lo psicoterapeuta sono due professionalità ben distinte e che in un mondo di buon senso lo psicologo dovrebbe avere il diritto di esercitare la propria professione senza essere necessariamente psicoterapeuta. Oggigiorno le scuole di specializzazione vengono considerate dai neo-psicologi come la panacea di tutti i loro mali. C'è la profonda convinzione che solo con i quattro anni di scuola di specializzazione si potrà finalmente lavorare. Questo evidentemente fa felici i direttori delle scuole. Il problema naturalmente è che non è così. Qualcuno potrebbe appuntare che la maggior parte delle borse di studio pubbliche, ad esempio negli ospedali, richiedono di essere specializzati o almeno specializzandi. Nel caso nessuno se ne fosse accorto, il problema è che queste borse di studio vengono ricamate su misura per le persone già presenti che con un incredibile colpo di fortuna stanno frequentando proprio quella specifica scuola di specializzazione e hanno maturato esperienza proprio in quello specifico ambito. Per queste ragioni, pur essendomi abilitato nel 2009, non ho ancora deciso se iscrivermi alla scuola o meno. La vivo principalmente come una soddisfazione personale, più che una reale soluzione professionale. Oltretutto, in questo momento in cui sto scegliendo strade diverse rispetto a quello che ho studiato tanti anni, probabilmente fatico a strappare il cordone ombelicale definitivamente e cerco di individuare soluzioni per mantenere almeno ancora un piede nella psicologia. Per queste ragioni sto cercando di individuare la scuola di specializzazione che potrebbe soddisfare i miei interessi. I prezzi sono indubbiamente alti e il problema maggiore è che al prezzo annuale di iscrizione alla scuola vanno ad aggiungersi i prezzi delle supervisioni e soprattutto i prezzi dell'analisi personale. Che l'analisi personale sia condizione necessaria per la formazione di uno psicoterapeuta è cosa chiara, soprattutto per due ordini di ragioni. La prima è che la scuola fornisce una preparazione teorica ed è necessario avere esperienza: in questo senso l'analisi personale con uno psicoterapeuta formato permette allo specializzando di comprendere come lavora il professionista. Inoltre per poter aiutare le altre persone con percorsi efficaci occorre almeno in parte essere in condizione di farlo. L'analisi in questo senso permette di risolvere conflitti, fronteggiare questioni che potrebbero compromettere la qualità del lavoro del futuro psicoterapeuta. E Dio solo sa quanti psicologi hanno bisogno di un bel percorso psicoterapeutico. C'è da registrare però, a mio personale parere, una criticità nella questione dell'analisi. Posto che non esiste una data standard di inizio e fine della psicoterapia, alcune scuole richiedono un minimo di ore spropositata, pur considerandola spalmata in quattro anni. Mi è capitato di verificare la richiesta, da parte di alcune scuole, di un'analisi di almeno 480 ore. Proviamo a moltiplicare il prezzo di una seduta alla cifra ottimistica di 60 euro per 480 ore e otteniamo ventottomilaottocento euro, una cifra spropositata. Quello che accade è che nei forum, sul web si trovano storie di persone che decidendo di iscriversi a queste scuole, dopo due anni si trovano a dover rinunciare perché l'entità economica delle loro spese non è nemmeno in parte coperta dalle ricadute professionali. E' evidente che non si dovrebbe riflettere unicamente sul dato monetario; certo è che la situazione per una persona di 26/30 anni che decide di specializzarsi è critica senza l'aiuto di mamma e papà o di ricchezze famigliari. E come detto, non si tratta nemmeno di un buon investimento per il proprio futuro dato che di lavoro non ce n'è. Per un giovane psicologo dei miei tempi, investire nella formazione è utile, importante, ma anche rischioso e pericoloso, per il portafoglio e per l'anima. Spesso investiamo le nostre speranze e la nostra fiducia (oltre ai nostri risparmi) in corsi, scuole, auspicando di poter finalmente lavorare. Questo purtroppo raramente accade. E, pur essendo indubbiamente un enorme traguardo, il singolo paziente seguito per 6 mesi non basta a farti mangiare. L'unica speranza è mettere assieme tanti lavori: ma sono più i sacrifici che le soddisfazioni. Esistono intere ASL che si reggono completamente sull'entusiasmo di specializzandi e specializzati che forse per speranza di ottenere nel tempo una borsa di studio, forse semplicemente per l'amore e l'interesse per il proprio lavoro, svolgono attività psicologica volontaria in queste sedi, garantendo il proseguimento del servizio. Apprezzo l'impegno di queste persone, ma lo vivo anche come l'ennesimo segnale negativo: il volontariato dovrebbe essere altra cosa. Se questi specializzandi decidessero tutti assieme un giorno di smettere di fornire gratuitamente i loro servizi, il sistema collasserebbe, perché, nonostante tutto, la richiesta di consulenze negli enti pubblici è alta. Forse sarebbe meglio così: se il sistema esplodesse, forse emergerebbe chiaramente l'assurdità della nostra condizione.

6. SOLUZIONI

Siamo nella società dell'innovazione tecnologica: che internet abbia rivoluzionato il nostro modo di vivere, agire, pensare è cosa ormai ovvia. Tutta la nostra comunità lotta per sfruttare a proprio vantaggio le innovazioni che oggi la società può offrirci. Anche noi psicologi, rispondendo alle criticità lavorative già citate, stiamo tentando di trovare nuovi strumenti e tecniche per rendere appetibile la nostra professione, tra cui il marketing virtuale e reale. Se visitate molto velocemente il web scoprirete che sono spuntati come funghi siti che forniscono consigli e soluzioni per migliorare la propria condizione professionale, aumentando il numero di pazienti e il numero di soddisfazioni. La logica, comune alla maggior parte di questi siti, è che la clientela ci sia in abbondanza, ma manchi la capacità di catturarne i bisogni. Per farla breve, c'è pieno il mondo di gente che ha bisogno dello psicologo, soprattutto che vorrebbe andare dallo psicologo, ma non trova l'offerta giusta. E dunque da qui l'idea di ritagliarsi fette di specializzazioni sempre più specifiche (e spesso comiche) in maniera tale da incontrare i bisogni altrui. Diventa importante allora vendersi, promuoversi in un'ottica di mercato. Si sta assistendo dunque alla mercificazione della psicologia. A mio modesto parere, un grossolano errore, controproducente e inutile. La logica del mercato è chiara ed è giusto rifletterci: se avessi un' impresa che produce vini, necessariamente dovrei considerare la vetrina che mi offre il web. Sarei uno sciocco a non farlo. Così come se fossi un dentista: è ciò a cui stiamo assistendo. E' in atto una guerra tra centri dentistici privati per accaparrarsi l'ultimo paziente, l'ultimo dente. Questo lo capisco. Ma la sofferenza psicologica della persona è qualcosa di diverso, di intimo e privato. Se da una parte è fondamentale che la popolazione capisca quanto è normale la sofferenza psicologica e quanto il professionista possa davvero offrire un utile sostegno, dall'altra parte tutto questo mondo dovrebbe essere privato, sussurrato. Non sbattuto in prima pagina. Perché, come dicevo già in precedenza, la gente se ne accorge, percepisce l'esagerazione. Il signore dell'Università della Terza Età non andrà mai da uno psicologo pur soffrendo molto (non glielo auguro naturalmente) perché ha una visione negativa della professione. Non è cercando qualunque anfratto in cui inserirsi che risolveremo i nostri problemi: non è proponendo nuovi servizi quali lo psicologo al parco giochi, nell'orto, in aereo e al sexy shop che riusciremo ad avere più lavoro.

Naturalmente tutti ci provano, io per primo. Mesi fa ho ragionato sull'opportunità di affittare a ore uno studio cercando di promuovermi nel comune di Torino. Ai cialtroni che dicono che bisogna intercettare la giusta clientela vorrei suggerire di digitare su google "studio psicologia Torino" e farsi un'idea di quanti risultati si ottengano. A voi lo dico, nell'ordine dei due milioni se non erro. Affitto a ore questo studio, molto entusiasta, salvo scoprire poi che 5 numeri civici dopo quello del mio studio c'è uno studio di uno psicoterapeuta. Una follia. Come se due macellai condividessero lo stesso negozio. Cosa vuoi o puoi intercettare se ci sono più professionisti che clientela.

Per diletto mi sono impegnato nel creare una piccola brochure in cui riportavo semplicemente i servizi offerti, che come potrete immaginare se avete letto i precedenti capitoli erano pochi. Supporto psicologico, psicodiagnostica, riabilitazione. Ho creato un sito web, anch'esso semplice. Senza promozioni, senza urla, solo con i servizi offerti. Non ha portato a molto tutto questo e, pur riconoscendo limiti e criticità delle mie scelte, non posso fare a meno di pensare che il marketing reale e virtuale serva davvero a ben poco. Oltretutto, e questo è un dettaglio non di poco conto, questi guru che forniscono verità sui modi per avere pazienti in abbondanza sono tutti professionisti che hanno almeno 40 anni, laureati e abilitati quindi in un momento molto più favorevole e fecondo. Questi professionisti, come è giusto che sia, hanno creato una rete di pazienti che con il passaparola, ha permesso un mantenimento di una buona clientela. Vorrei avere un feed-back da qualcuno di più giovane, che mi fornisca un'opinione più affidabile. Tra l'altro, per un'incredibile combinazione, questi professionisti, che evidentemente forse non hanno così tanto lavoro, erogano servizi a pagamento per migliorare le strategie di promozione della propria professione psicologica. Ancora una volta, si fa business sfruttando le fragilità dei giovani psicologi che chiedono soltanto di poter svolgere il lavoro a cui hanno dedicato tanti anni di formazione: uno psicologo con anni di esperienza non ha alcun bisogno di questi servizi. La creazione di volantini e siti web è stata comunque una piccola violenza perché indubbiamente ho percepito quel senso di mercificazione della professione che proprio non si adatta al nostro mestiere. Non smetterò mai di essere convinto che la nostra è una professione privata che non dovrebbe essere sbandierata ai quattro venti. Non dovremmo inserire un listino di servizi che possiamo offrire perché di base noi ci occupiamo della sofferenza delle persone e da quel momento in poi possiamo offrire soluzioni ad hoc. Io per primo quando guardo il mio sito o quello di colleghi, non apprezzo particolarmente l'elenco dei servizi: a pelle, sento che c'è qualcosa di distorto, sbagliato. Non è una colpa adattarsi ai tempi, ma forse certe realtà dovrebbero rimanere antiche. Chissà il buon vecchio Freud cosa avrebbe pensato della psicologia oggi, tra web marketing e sconti del 40% sul primo colloquio. L'Ordine non sembra curarsene però: in questi giorni si sta discutendo sulla modifica del primo articolo del codice deontologico dell'ordine degli psicologi al fine di sottolineare che tutti gli articoli del codice valgono anche per prestazioni via web. La vera psicologia, quella vera, quella della sofferenza, non penso proprio possa essere fatta su Skype: ma capisco chi lo fa, capisco chi tenta di trovare tutti i mezzi possibili per guadagnare dal lavoro per cui ha studiato tanto, infischiandosene del tanto citato setting. Non li condanno, oltretutto faccio parte di questo gruppo di disperati. Ma ho la convinzione che in questo modo non si migliori la professionalità e soprattutto la visione che la gente ha di noi.

7. CONOSCENZA

Nel periodo immediatamente successivo alla laurea, il mio rapporto con la psicologia, specificatamente della psicologia dello sviluppo, si è configurato specificatamente nell'attività di dottorato che ho svolto per tre anni. Si tratta di esperienze diverse dalla psicologia clinica dello sviluppo che ho invece conosciuto durante il mio tirocinio post-lauream. La questione della ricerca è sempre sulle prime pagine dei giornali: si parla costantemente di fondi tagliati alla ricerca, 5 x 1000 alla ricerca, concorsi per ricercatori e così via. In questi anni ho maturato una buona conoscenza dei meccanismi che regolano la ricerca in psicologia e devo dire che non mi hanno convinto. Innanzitutto cosa significa fare ricerca nell'ambito della psicologia? Tante cose, alcune più utili, altre meno utili. I test e i questionari che gli psicologi professionisti utilizzano sono molto diversi rispetto alle cinque domande che si possono trovare su qualunque giornale in edicola. C'è dietro un lavoro preciso e meticoloso, che non sto a esplicare precisamente ma che consiste essenzialmente nel testare lo strumento su un'ampia popolazione di individui, valutare statisticamente le caratteristiche dello strumento stesso pere poter poi, dopo una serie di altre attività, pubblicarne il resoconto. Se il processo che ha portato alla creazione dello strumento è giudicato positivamente, esso può iniziare ad essere utilizzato. La ricerca inoltre mira a valutare i possibili effetti benefici di attività: ad esempio parte del mio lavoro di dottorato è consistito nel valutare gli effetti potenzialmente positivi della partecipazione ad attività motorie negli anziani, non solo da un punto di vista fisico, ma anche psicologico, cognitivo e sociale. Inoltre si valutano relazioni, associazioni tra fenomeni e caratteristiche individuali. Si testano empiricamente delle teorie. Posso prendere 500 persone, somministrare test fisici, medici, cognitivi e psicologici, seguirle per 20 anni facendo a intervalli standard gli stessi test, evidenziando indicatori di malattie o altre problematiche. Posso indagare i livelli di depressione in un dato momento considerando bambini, adulti e anziani. Posso fare molte cose potenzialmente utili.

Capire è il primo passo per poter intervenire. Poi certo, io per primo ogni tanto mi stupisco delle indicazioni, talvolta banali, che emergono dalle ricerche psicologiche. La scienza dell'ovvio la chiamo. E' capitato diversi anni fa di raccontare ai miei ex-compagni di calcio quale fosse l'ambito dei miei studi di dottorato: provocatoriamente, lo spiegavo in questo modo "devo dimostrare che l'attività motoria fa bene agli anziani". I miei compagni naturalmente mi guardavano pensando "ma ci vuole un dottorato di psicologia per dimostrare questa ovvietò". Nel tempo ho imparato che anche le banalità per poter essere tali devono essere dimostrate scientificamente e che talvolta alcune banalità sono errate. Un anziano autonomo è un anziano che vive la propria vita quotidiana senza aver bisogno di nessuno, riesce, insomma, a fare tutto da solo. Potremmo ad esempio pensare che all'aumentare dell'età aumenti la difficoltà nell'essere autonomo: in alcune popolazioni le cose non stanno così. Non c'è necessariamente un'associazione tra età e autonomia:

questo solamente per dimostrare che alcune apparenti banalità, non si rivelano poi tali.

Una delle maggiori criticità della ricerca in psicologia così come l'ho conosciuta è dovuta al sistema di valutazione delle opere scientifiche, nonché dei criteri che definiscono un ricercatore e che permettono una crescita professionale. Parto dalla convinzione che ciascuno di noi desideri vivere una vita serena, equilibrata, in cui godere del proprio lavoro senza dover essere preda dell'angoscia della precarietà. L'Università è l'inferno dei precari: persone che anche a 40/50 anni vivono di borse di studio che l'anno successivo potrebbero non essere rinnovate. Una vita in bilico. E'ovvio che l'interesse di tutti sia quello di stabilirsi, di avere un contratto che permetta di preoccuparsi della prossima ricerca e non di cosa si dovrà fare tra 6 mesi se non si rinnova l'assegno di ricerca. Per aumentare il proprio prestigio una possibile strada, se non l'unica, è la pubblicazione scientifica. Creare un articolo scientifico di circa 15 pagine, sottoporlo a revisioni e giudizi da parte di esperti e pubblicare lo studio in un giornale di prestigio. Più articoli ho pubblicato più dimostro di essere un ricercatore in gamba. Questo sistema apparentemente democratico ha portato gli studiosi a occuparsi quasi esclusivamente di pubblicare studi, tralasciando le ricadute operative che dovrebbero avere le ricerche svolte. Intere generazioni di ricercatori e professori hanno passato la loro vita negli uffici a preparare questionari, test e a elaborare dati senza aver mai toccato la realtà con mano. La ricerca ha creato un mondo fine a se stesso. Per non parlare dei feudi all'interno delle Università e dei professori narcisi che popolano gli uffici. Questi professori litigiosi e rissosi, specchio delle qualità delle relazioni tra uomini di potere in tutti i contesti sociali, si dimenticano che non sono pagati dalla società per pavoneggiarsi ma per migliorare la qualità della vita delle persone. Purtroppo, soprattutto per ciò che riguarda ricercatori, assegnisti, insomma i precari della ricerca, il comprensibile desiderio di stabilità lavorativa porta a prediligere le attività che possono aumentare le probabilità di essere assunti piuttosto che il desiderio di cambiare il mondo. Chiunque, io per primo, ho concentrato le mie priorità, il mio tempo e impegno alla stesura di una pubblicazione piuttosto che all'organizzazione di un piccolo progetto che magari migliora la qualità di vita di 30 persone.

Ho amato e amo tutt'ora la ricerca, come d'altronde amo la psicologia. Purtroppo anche in questo caso mi sono trovato costretto a fare delle scelte che accantonano la ricerca universitaria per esplorare lidi si spera più favorevoli per una stabilizzazione personale. Fin dal primo giorno di dottorato sono stato cosciente che il sistema universitario è una fabbrica di precari: più che altro, a mio parere è caratterizzato da un meccanismo perverso e pericolosissimo. Provo ad immaginare uno scenario catastrofico della mia vita se decidessi di continuare per molti altri anni in Università. Ho concluso in tempo la laurea, ho trascorso un anno tra tirocinio post-lauream, stage e ricerca per poi arrivare al percorso di dottorato. A febbraio, all'età di 29 anni, ho concluso il dottorato vincendo un assegno di ricerca della durata di un anno: un assegno generoso, da leccarsi i baffi. Probabilmente, con un paio di buone pubblicazioni potrei rinnovare l'assegno di ricerca per altri anni, potrei arrivare a 34 anni a suon di assegni di ricerca. Se avessi la fortuna di continuare a pubblicare, potrei iniziare a pensare di propormi per qualche concorso, dimenticandomi però che sopra di me ho almeno 3-4 assegnisti di ricerca più anziani che hanno quindi pubblicato più di me, aggiungendo anche i miei lavori in cui sono stato "caldamente" invitato a inserirli come co-autori pur senza ricevere alcun aiuto. Per qualche ragione, una crisi improvvisa, una riforma universitaria o chissà cos'altro, potrei andare avanti ancora 3-4 anni finché un giorno non avrò più l'assegno di ricerca e mi troverò nel mondo del lavoro a 38 anni con l'esperienza lavorativa universitaria che fuori da questo ambiente è poco considerata. Cosa potrei fare? Re-inventarmi naturalmente, ma chi assume una persona di circa 40 anni senza esperienza (perché purtroppo è così che temo siano considerati erroneamente gli accademici dal mondo aziendale, persone senza esperienza pratica, dei teorici fumanti)? Questo è il ciclo perverso e pericoloso di cui parlavo: con un buon aiuto dal tuo professore di riferimento puoi davvero pensare di continuare a fare ricerca perché un minimo annuale solitamente è garantito. Ma se magari ciò improvvisamente non accade ti ritrovi a piedi, a casa, con tanta esperienza non riconosciuta. Dall'altra parte dopo tanti anni tra dottorato, laurea e assegni, fatichi a staccarti perché i 1000 euro universitari quasi garantiti sono una tentazione forte, irresistibile. Buttarsi oggi nel mondo del lavoro a 30 anni è un tuffo nell'ignoto. Eppure sento che per me è ora di farlo, perché essere parte del meccanismo "1000 euro facili ma chissà fino a quando" mi spaventa terribilmente. E così oggi mi ritrovo in un vestito elegante con giacca e cravatta mentre torno da un colloquio conoscitivo per uno stage nell'analisi dei dati con una parte di me indubbiamente contenta di aver fatto un passo avanti verso un mondo forse più ricco di opportunità e speranze lavorative. Dall'altra è come se qualcuno mi stringesse la gola e mi mancasse il respiro, perché mentre guardo la mia immagine riflessa nello schermo del pc vedo un uomo in giacca e cravatta un po' pinguino che non conosco. Non mi sono quasi mai messo giacca e cravatta e proprio mi sembra di vedere un'altra persona. Mi piace cambiare, ma questo è un salto forte: tra laurea, dottorato, collaborazioni e assegno di ricerca sono circa 9 anni che frequento gli stessi mondi, le stesse persone, gli stessi argomenti. A breve volterò pagina, forse la strapperò e questo enorme cambiamento lo vivo con un po' di angoscia. Purtroppo però penso che rinunciare a tutto questo sia il prezzo da pagare per poter vivere una vita normale, con una famiglia, dei progetti, dei figli e anche delle soddisfazioni lavorative. Ogni tanto mi sembra che l'ambito universitario sia il ricettacolo degli svitati, tra cui, probabilmente, fa parte anche il sottoscritto. Penso che la ricerca in psicologia sia specchio della psicologia stessa: utile, decisiva per il benessere della persona (in fondo le metodologie dello psicologo dipendono dalla ricerca in psicologia), ma mal gestita, mal organizzata e soprattutto vittima delle problematiche e criticità lavorative dei nostri tempi.

8. UNA STORIA VERA

Fin qui ho descritto tutte le criticità e le problematiche che ho incontrato nel mio percorso professionale di psicologo e di ricercatore in psicologia. Nonostante la consapevolezza di quanto i precedenti capitoli siano stati duri e gettino una luce davvero oscura su questo mondo, credo che molti giovani colleghi siano concordi con me e con questa mia visione. E' difficile in questo senso cercare di dedicare almeno qualche pagina al buono che c'è in questo mondo, ma questo non perché non ce ne sia. Tutte le passioni generano sentimenti forti e per me la psicologia è stata ed è in parte ancora una passione. Provare a descrivere le belle esperienze avute negli anni, nonché i personali interessi teorici e pratici della professione è indubbiamente fonte di dolore, perché riapre una ferita che nel tempo si sta chiudendo. Ma posso comunque tentare l'impresa, per rispetto a quel ragazzo con la faccia stampata sul tesserino dell'Ordine che con tanta fierezza e gioia nel settembre del 2009 entrava a far parte di una grande comunità di professionisti. E soprattutto per rispetto a una professione in cui, nonostante tutti i problemi sociali, organizzativi e politici, credo ancora fermamente.

C'è del buono nella psicologia, lo psicologo può servire, anzi serve, punto. Forse esagero, ma penso che tutte le persone, almeno una volta nella loro vita, avrebbero bisogno di fare un salto dallo psicologo per le più svariate ragioni. Nella mia breve esperienza ho potuto sperimentare quanto lo psicologo possa aiutare una persona, che sia un bambino, uno sportivo o un anziano. Anche a causa di tutti i problemi già citati in precedenza, la gente si dimentica di che cosa può offrire uno psicologo: uno spazio personale dove affrontare assieme la propria sofferenza, che può essere più o meno grave, le proprie paure, i propri timori. Puoi essere ascoltato senza giudizi in uno spazio privato e intimo: puoi mettere le basi per un percorso di miglioramento. Insomma, cose non da poco, solo all'apparenza banali. Ad ogni modo, non so se tornerò a dedicarmi completamente alla professione, ma so qual è oggi il mio ricordo più bello. Alcuni anni fa mentre conducevo un laboratorio di potenziamento cognitivo, sono stato avvicinato da un anziano che partecipava all'attività: era molto restio a chiedere aiuto e solo grazie al tenero sostegno della moglie abbiamo intrapreso un brevissimo percorso. Una persona splendida, con un grave dolore personale che non aveva mai affrontato: sono bastate alcune sedute in cui questo dolore si è finalmente manifestato completamente per cambiare almeno in parte la serenità di quest'uomo. Tengo sempre con me questo ricordo, non solo per l'intensità di quella esperienza, ma anche perché è esemplare del nostro mestiere: non credo di aver usato tecniche segrete o iper-specializzate, gli ho solo fornito uno spazio intimo e privato, l'ho ascoltato, gli ho dato la possibilità di parlare. L'ho preso per mano e assieme siamo entrati in quel dolore che da tanto tempo lo opprimeva, conoscendolo e accettandolo. Questo è servito a ridargli almeno in parte un po' di serenità. Tante altre sono le esperienze che ho vissuto, affrontando situazioni particolari e appassionanti. E in parallelo ho continuato a leggere e formarmi, sviluppando uno spirito critico che mi ha portato in certe direzioni rispetto ad altre. E più leggevo, più studiavo, più mi sono reso conto di quante incredibili teorie e strategie si sono sviluppate nel tempo con risultati credibili e importanti. La mia sete di psicologia mi ha portato soprattutto negli ultimi anni a rifiutare i dogmi e a contaminarmi da tante teorie di diverse scuole di pensiero, dalle scuole cognitivo comportamentali alla psicoanalisi fino agli approcci sistemico-familiari. Mi piace l'idea di elencare casualmente e confusamente alcune delle teorie, dei costrutti che ho incontrato nel mio percorso e che, a prescindere dai loro autori e dalle loro scuole di pensiero, ritengo di grande valore. I meccanismi di difesa, il senso di autoefficacia, il self-talk, la teoria dell'attaccamento, le teorie costruttiviste, gli approcci educativi comportamentali, l'inconscio e il modello strutturale della mente, le diverse sotto-componenti della memoria, la dislessia, le classificazioni dei disturbi psichici, le teorie sistemiche e molte altre. Per non parlare poi delle varie sotto-discipline psicologiche: in precedenza ho scherzato sul fatto che noi psicologi cerchiamo ogni anfratto in cui infilarci per avere un piccolo stipendio, una borsa di studio, due euro insomma. Ma è innegabile che tutto ciò che ci circonda è nostro, ma soprattutto della nostra mente: perché è la nostra mente, sono le nostre emozioni e i nostri pensieri che ci governano e che costruiscono la realtà che vediamo. Per questo motivo ho trovato appassionante conoscere le basi della cronopsicologia, la psicologia applicata allo scorrere del tempo, la psicologia ambientale, la psicologia applicata all'architettura, la psicologica criminale, nonché la psicologia dello sport. La mente è dovunque.

Noi siamo pensieri e emozioni: non mi stupisco che lo spread venga letto in ottica psicologica così come i comportamenti dei nostri politici. Mi affascina la sensazione che determinate squadre di calcio abbiano la personalità del loro allenatore, come se il coach espandesse se stesso in un gruppo di persone guidandolo alla vittoria o alla sconfitta. Adoro i film a tematica psicologica, perché in tanti casi sono più formativi di un corso di specializzazione di 8 ore a 1500 euro. Provate a guardare "Il Sospetto" di Thomas Vinterberg, "Take Shelter" di Jeff Nichols, "Flight" di Robert Zemeckis o il più vecchio ma splendido "Una storia vera" di David Lynch. Per non parlare della sofferenza nel sapere che se Roger Federer avesse avuto la forza mentale di Rafa Nadal, probabilmente avrebbe vinto 40 titoli del Grande Slam. E poi naturalmente tutto il mio mondo privato, gli affetti, gli eventi personali, la mia identità che oggi vivo e rivivo in una luce più psicologica e matura.

E' difficile riuscire a spiegare perché la psicologia sia importante: lo è ancora di più in questi tempi in cui la realtà fa di tutto per impedire che questo messaggio passi. Le persone continueranno a investire ben volentieri 80 euro per un'ora di attività dal fisioterapista ma probabilmente continueranno a tenere dentro dolori, angosce e timori che li attanagliano. Come persona che ha investito la sua vita nella psicologia e che l'ha vissuta di pancia, consumandola avidamente in ogni sua forma, l'unica cosa che mi sentirei di dire a coloro che sono scettici è che c'è veramente del buono, la psicologia può davvero aiutare, occorre solo dimenticare tutto ciò che si vede attorno a noi, psicologi in televisione, sui giornali, scuole e

offerte, libri da psicologo fai da te.

EPILOGO

Scegliere oggi di studiare per diventare psicologo è sicuramente un atto di coraggio e di incoscienza: in queste pagine ho tentato di riflettere sulla mia professione contaminando le mie esperienze con dati e riflessioni almeno in parte oggettivi. L'immagine che ho della professione è quella di una realtà inflazionata, ripiegata su stessa, che sta precipitando nel baratro senza rendersene conto. Gli errori compiuti sono stati e sono tutt'ora tanti: il problema è che nessuno pare interessato a correggerli. Questo perché purtroppo, chi dovrebbe tutelarci, non sente la necessità di cambiamenti radicali o di una vera e propria rivoluzione, perché sono tanti gli interessi in ballo. E non sto parlando solo di interessi politici, poltrone di prestigio e ambizioni personali. Si parla anche di soldi, perché la psicologia è diventata un business veramente redditizio. E poco importa se la scuola di specializzazione ti permette di frequentare anche se non hai l'esame di stato: l'importante è versare la quota.

Sono tante le criticità che ho personalmente evidenziato nelle precedenti pagine, ma volendo in questo spazio tirare le somme di quanto detto finora, penso che tutto possa inizialmente essere ricondotto ad un unico e semplice problema. L'enorme quantità di professionisti in circolazione e in formazione a fronte di una richiesta molto minore: insomma, siamo troppi e non sappiamo dove andare. Questa è la chiave di tutti i nostri problemi: ed è da qui che si è sviluppato il terribile circolo vizioso per cui troppi psicologi disperati (e tra questi anche il sottoscritto) hanno cercato nuove opportunità, nuove strade, inflazionando la nostra professione, peggiorandone la visione già problematica della nostra comunità. Se Tizio avesse avuto la possibilità di avere il suo studio con i suoi pazienti, probabilmente non avrebbe avuto bisogno di proporre quella strana attività o di partecipare a un dibattito televisivo. Non vedo molti fisioterapisti o ingegneri in televisione, loro se ne stanno al loro paese a lavorare. Ormai vedo solo più psicologi. In ogni caso, consapevole della soggettività delle mie posizioni, ho rispolverato un recente studio commissionato dall'Ordine Nazionale degli Psicologi per comprendere lo stato delle professioni psicologiche in Italia. Per chi fosse interessato, il libro si intitola "Fare lo Psicologo – Percorsi e prospettive di una professione" e l'autore è il professor Claudio Bosio, il quale presenta i risultati di una ricerca volta a indagare lo stato della professione psicologica in Italia oggi. Non mi dilungo su tutti i risultati, ma sono piuttosto interessato a evidenziare i possibili punti in comune con quelle che sono state da parte mie, pure sensazioni. In particolare riporto questo passaggio che mi sembra fondamentale: "*la crescita dimensionale della community professionale risulta impetuosa e un suo contenimento appare improbabile nel breve-medio periodo. A fine 2010 gli psicologi iscritti agli ordini professionali in Italia ammontano a circa 78.000 unità e sono cresciuti nel decennio a un tasso medio annuo oscillante tra il 7 e il 10%; dietro di loro, una popolazione studentesca superiore alle 60.000 unità si sta formando alla professione e nutre aspettative di entrarvi*". Insomma non siamo solo troppi, ma c'è una marea di gente dietro di noi che sta arrivando come un treno ad ingolfare un mercato già allo stremo. Il problema è altresì la richiesta: la nostra comunità ha davvero bisogno di tutti questi psicologi? *"una esaustiva definizione di criteri rinvia in ultima analisi alla stima della domanda, attuale e potenziale..."*. L'autore, comprensibilmente, sottolinea l'urgenza di individuare strategie di *moral suasion:* per dirla in parole povere il senso è "facciamo capire a chi si sta interessando alla laurea in psicologia che di lavoro proprio non ce n'è". L'idea è buona ma è specchio di una situazione ormai compromessa: se l'unica strada è quella di dissuadere la gente a iscriversi, vuol dire che non abbiamo carte da giocare. Nella mia ingenuità e ignoranza non essendo interno a regole burocratiche, mi domando la ragione per cui non si possa iniziare a ridurre seriamente il numero di posti all'interno dell'Università, iniziando magari a semplificare le lauree (ad esempio solo Psicologia clinica e Psicologia del lavoro e delle organizzazioni), permettendo l'ingresso di soli 70 studenti per corso. Questi poveracci non troverebbero comunque lavoro, però il mercato potrebbe iniziare forse a sfoltire gli psicologi disoccupati. Sicuramente l'ideale sarebbe chiudere la facoltà e gli esami di stato per 10 anni. In ogni caso le strategie di moral suasion non sono state efficaci, anzi probabilmente non sono state ancora attuate, soprattutto per le ragioni di business citate in precedenza. Un articolo de "La Stampa" del 27 agosto 2013 titola: "Iscrizioni ai test, all'Università meno infermieri e più psicologi". Qualcuno glielo dice a quei poveri disperati il futuro che li attende? Perché nessuno fa niente?

La seconda questione fondamentale che la ricerca affronta è quella relativa al confronto psicologi giovani e anziani: il boom di iscritti degli ultimi anni ha portato a un ingolfamento che è in realtà solo recente. Non mi stupisce il fatto di conoscere psicologi e psicoterapeuti di 35 anni, 40 anni che esercitano serenamente e hanno un buon numero di pazienti. Quei 6-7 anni di anticipo rispetto a noi giovani sotto i trent'anni hanno fatto davvero la differenza. Esistono quindi due mondi che vanno analizzati separatamente: secondo i dati della ricerca il 26% degli psicologi sotto i trent'anni è disoccupato. Questo significa che se prendo a caso a Torino 100 giovani psicologi, so che più di un quarto non ha lavoro. C'è dell'altro però e le cose si fanno ancora più gravi in questo senso: la ricerca coglie efficacemente il fatto che anche quel 74% occupato, quasi sicuramente non sta lavorando come psicologo. Su 130 psicologi sotto i trent'anni intervistati, 38 riportano di essere educatori, 16 fanno altri lavori, 11 sono insegnanti. Solo 19 lavorano come psicologi e chissà cosa intendevano quando rispondevano in questo modo: magari avevano un paziente o due. Nella fascia tra i 35-44 anni, su 370 intervistati, 340 sono psicologi, 26 psicoterapeuti, solo 4 sono educatori. Il fenomeno dello psicologo "educatore" è il grande fenomeno di questi tempi: la maggior parte dei colleghi che conosco sono stati assorbiti da questa professione, talvolta con soddisfazione altre volte con frustrazione. Tante persone comunque dopo la laurea sono riuscite a trovare un lavoro tramite questa strategia.

Il problema è che non stanno facendo il lavoro per cui hanno studiato, nonostante ovviamente possano attingere alle loro competenze per lavorare efficacemente. Però è innegabile che idealmente non ci sia coerenza con la laurea: è come se un laureato in fisioterapia trovasse lavoro come oculista. Non avrebbe senso. Inoltre non credo che gli amici educatori, i quali se non erro non sono tutelati da un ordine, siano particolarmente contenti di avere una tale concorrenza da parte di gente che non ha studiato per fare quel lavoro. Se gli educatori iniziassero ad aprire studi di psicologia, scoppierebbe una guerra civile.

In sostanza dunque, una serie di criticità che ho espresso in maniera colorita e del tutto personale frutto delle mie esperienze professionali degli ultimi anni, trovano comunque riscontro in studi metodologicamente validi. Il fatto è che ci sono gravi problemi strutturali e non sembra esserci la volontà e l'interesse per fare qualcosa: almeno, come diceva il professor Bosio, si potrebbe evitare che altri studenti si infilino in un tunnel senza uscita. Perché nella maggior parte dei casi inizi l'università con la speranza ma senza conoscenza di reali opportunità. Guardo indietro alle opportunità lavorative presenti nella mia vecchia guida dello studente e mi viene da ridere. In questo clima assistiamo tra l'altro a una banalizzazione della nostra professione che non potrà fare altro che peggiorare ulteriormente la nostra condizione. Per non parlare di gravi problematiche quali il business delle scuole, le borse di studio e i concorsi pilotati, la stagnazione e i baronati universitari e la mancanza di richiesta sul mercato e soprattutto i cialtroni che si arricchiscono sulle speranze dei giovani psicologi. Ci vorrebbe una rivolta, in tutti questi ambiti. Basta volontariati in ospedale e nelle ASL, denunce per i concorsi, basta iscrizioni a qualunque scuola di specializzazione o psicoterapia, basta gente che pensa solo a stare sulla propria morbida sedia. Tutti noi abbiamo in un modo o nell'altro fatto qualcosa in questo senso, con la speranza e l'entusiasmo di poter cavare qualcosa di buono. E siamo rimasti delusi. Facciamo lavori che non c'entrano nulla con quello con cui abbiamo studiato, rimandiamo il sogno di una stabilità e magari di una famiglia in nome di un sogno molto meno realizzabile, viviamo con l'angoscia di aver fatto la scuola giusta, il corso giusto e con il timore di aver sbagliato in passato. Siamo i primi che avremmo bisogno di psicologi professionisti per essere supportati emotivamente mentre cerchiamo di diventare come loro.

EPILOGO PARTE II

Un altro epilogo è necessario, uno più personale: queste pagine sono state inconsapevolmente la strategia terapeutica che ho individuato per affrontare un pesante percorso che mi sta portando a cambiare vita. Nell'autunno del 2003 ho iniziato la laurea triennale in Psicologia dello Sviluppo e dell'Educazione presso la facoltà di Psicologia. Nell'ottobre del 2008 ho terminato gli studi magistrali e durante il successivo anno ho svolto una stage presso un asilo nido, un tirocinio post-lauream presso un centro clinico privato per l'età evolutiva e ho continuato a dare una mano alla mia professoressa della laurea nella raccolta di dati per le sue ricerche somministrando test psicologici e neuropsicologici ad anziani. Ho fondato un'associazione con alcuni amici e colleghi e per qualche anno siamo riusciti a tenere duro con corsi di preparazione all'esame di stato, qualche laboratorio a scuola, alcuni progetti. Ognuno poi ha concentrato i suoi sforzi verso il proprio futuro e l'associazione si è persa. Nel gennaio 2009 ho iniziato il dottorato in Psicologia dello Sviluppo, tre anni intensi, accompagnati da alcune sporadiche attività di libero professionista e alcuni corsi di formazione. Ho frequentato due scuole di specializzazione in Psicologia dello Sport e Psicopatologia dell'Apprendimento. Ho svolto qualche attività come psicologo dello sport e la cosa mi ha entusiasmato. Poi quest'anno, ho vinto un assegno di ricerca e approfittando della disponibilità economica mi sono formato in altri ambiti. E qui il cerchio inizia a chiudersi: la mia storia è uguale a tante altre. Giovani che credono e amano quello che fanno, che spendono e si impegnano nella speranza di lavorare come professionisti. Tra i miei amici e colleghi, sono tra quelli che più dopo la laurea ha avuto ancora a che fare con la psicologia, soprattutto tramite il dottorato. Di questo mi ritengo privilegiato: anche se spostato sul lato della ricerca, negli ultimi quattro anni sono stato pagato in veste di psicologo, cosa rarissima. Pochi colloqui, poca "vera" psicologia, ma tante attività attinenti, psicodiagnosi, conduzione di training riabilitativi etc. Eppure tutto questo non è bastato a trovare la mia dimensione e una stabilità: e sicuramente ho sbagliato anche io. A breve inizierò nuove esperienze lavorative che mi allontaneranno probabilmente definitivamente dal mondo della psicologia, a cui ho dedicato questi 9 anni della mia vita. Questo significa terminare le ricerche in psicologia, il sogno di uno studio e di pazienti, la realizzazione lavorativa per la quale ho dedicato tanti anni di passione. Se tutto il libro è stato in qualche forma un tentativo di trovare delle giustificazioni sociali e ambientali a quello che posso comunque considerare un piccolo fallimento personale, è innegabile che ci sia un'importante parte di me che riflette sulle responsabilità personali che hanno portato a tutto questo. La paura è quella di aver fatto scelte sbagliate, di non aver fatto abbastanza o aver preteso di fare troppo. Dentro di me rimarrà sempre il dubbio di aver compiuto errori importanti: ho sbagliato a fare psicologia dello sviluppo e dell'educazione invece di psicologia clinica? Dovevo evitare di svolgere il tirocinio presso il Dipartimento di Psicologia e muovermi verso i servizi pubblici? Avrei dovuto già iscrivermi alla scuola di specializzazione? Penso di aver fatto come tanti altri colleghi che si trovano nella mia situazione, alcuni hanno fatto di più, altri hanno fatto di meno. La corsa al posto di lavoro porta me e tanta gente che vedo accanto a me, alla ricerca spasmodica della soluzione giusta, della ricetta giusta. "Forse avessi fatto Psico-oncologia avrei avuto più chance ai concorsi". "Dovevo focalizzarmi sulla psicologia dello sport e lasciare tutto il resto" "Dovevo telefonare a più scuole per avere più possibilità di trovare un direttore che mi desse 4 ore di sportello di ascolto". E così via. Tutto questo è terribilmente logorante. Anche perché in questo ambito ho la sensazione che continuare ad investire tempo e denaro significhi affidarsi completamente all'ignoto. Sicuramente ho fatto degli errori con cui dovrò confrontarmi per sempre, ma, forse per proteggermi da un dispiacere che sarebbe troppo grande, dico a me stesso che non c'è stato qualcosa di specifico che avrei dovuto fare e che non ho fatto. La situazione è critica, ci sono volontari nelle ASL che non sono pagati da anni pur tenendo in piedi la baracca. Anche le maggiori menti sociologiche e psicologiche riconoscono la gravità dei problemi del nostro mestiere, come mostrato nel precedente epilogo.

Forse quello che sto per dire non incontrerà l'accordo di tutti e di questo mi scuso, ma è forte in me la sensazione che il nostro sia un mestiere importante, ma tra i pochi nella nostra società che davvero non ti permette di vivere. Sono convinto che l'informatico, l'infermiere, il geometra, il ragioniere, il biologo, il chimico, anche se con fatica dato il grave periodo di crisi, alla fine riescano comunque a realizzarsi cogliendo i frutti dei loro studi. Per noi non è così e questo è grave, anche dal punto di vista psicologico, dal punto di vista mentale di noi giovani psicologi. Troppi giovani continuano a credere in un sogno che non si avvererà mai: spero di cuore di sbagliarmi ma temo sia così. Io ero e sono uno di quelli e nonostante la tristezza per la rinuncia, sento di essermi fermato in tempo. Perché ho voglia di avere una famiglia, di avere una casa, di non dover annaspare e vivere nella costante angoscia del domani. E parlo in questo momento pur avendo poco in mano, un'esperienza di stage che sta iniziando: eppure sento che sto entrando in un mondo più sensato, almeno spero. Ho iniziato questo capitolo guardandomi allo specchio: il mio distacco dalla psicologia è stato ed è tutt'ora doloroso. Piccole abitudini stanno svanendo: leggo libri di informatica e statistica, in libreria butto un occhio veloce al reparto psicologico, non so se farò mai una scuola di specializzazione. Forse continuerò a rinnovare l'iscrizione all'Ordine perché in fondo mi sono sentito sempre tanto fiero di definirmi uno psicologo. Anche se poi nella vita probabilmente, sarò altro.

RINGRAZIAMENTI E RIFLESSIONI

Un ringraziamento speciale va a Giulia, instancabile contenitore dei miei lamenti, delle mie elucubrazioni mentali e delle mie parole. Senza un termine di paragone competente e empatico non sarei mai riuscito a mettere per iscritto i miei pensieri dedicando anche una parte del lavoro alla riflessione personale. Questo libro è il contenitore dei miei pensieri relativi alla professione psicologica: ci sono alcuni argomenti che ho scelto di non trattare ma che probabilmente vanno tenuti in considerazione. Ad esempio la figura dello psicologo all'estero: a quanto pare la domanda è molto più alta (negli Stati Uniti ogni scuola ha uno psicologo responsabile) ma è anche vero che la severità degli studi e l'accesso alla professione è maggiore. Un altro argomento è quello stimolato da un mio collega ricercatore: non ci ho mai pensato molto, ma a suo dire, la maggior parte degli psicologi inizia psicologia per affrontare i propri problemi personali, una sorta di terapia personale tramite l'università. Secondo lui, con un bel percorso psicologico pre-laurea, molto studenti andrebbero da altre parti, a Matematica, Informatica, Lettere. Ipotesi da considerare.

Infine, voglio dedicare un piccolo spazio a tutti i giovani psicologi che con fatica e tenacia ce la stanno facendo: sapere che da qualche parte, qualche giovane psicologo riesce a vivere del suo mestiere è per me fonte di gioia e sollievo. E sì, naturalmente anche di un po' di invidia.